東信堂ブックレット④

CEFR（セファール）って何だ

インクルーシブな語学教育

福田誠治 著

東信堂

刊行の辞

歴史の中の私、世界・社会の中の私、地球の上の私とは何か。
自分の立ち位置を常に想像できる人として生きることが、一生の存在理由であり・目的である。

以下の12点を念頭に「**東信堂ブックレット**」の性格を表現している。
 1、人間が普通に生きていける社会をめざす。
 2、平和であることを価値とする。
 3、正義という価値を考える。
 4、多様で平等という価値を考える。
 5、人間の権利を擁護する。
 6、他国を侵害せず、国際協力を考える。
 7、想像・判断の思考を妨げない。
 8、国家・行政は人々を守るためにある。
 9、民主主義を熟議する、争わない。
10、子ども、若者、老人の世代の共生を最大限に生かす。
11、共同、協働、協同の途を探し出す。
12、多才で豊かな力が発揮できるように人を育てる実践を重んじる。

以上の宣言に新しい宣言を付け加えていくブックレット。

（2021 年 7 月）

はじめに

　筆者が勤務していた都留文科大学には、国際教育学科があります。日本からは2年生が、半年間交換留学に出かけます。北欧諸国からは、日本人に比べれば大人びた学生たちがやってきて、日本の学校を体験しながら英語で学んでいます。

　ヨーロッパ諸国の大学は、2000年に始まるEUの統一的な政策に基づいて、近年とても大きく変化しています。

　留学生に求められる語学力は、CEFR (Common European Framework of Reference for Languages: Learning, teaching, assessment, ヨーロッパ言語共通参照枠、セファール) のB2というレベルです。2001年に設定されたCEFRの基準は、テストの点数で決められているわけではありません。「Can do」というできる能力で評価されます。都留文科大学の国際教育学科は、この基準に則って、外部業者の英語力テストの点数を使わずに希望者全員が留学し、全員がヨーロッパ統一単位であるECTSを取得して来国しました。決して十分ではありませんが、「やればできる」「英語力はテストの点数だけではない」という実感を教員も学生も体験しています。

　いったい語学力とは何なのでしょうか。一昨年 (2019年) に交換留学で日本にやって来たデンマークの大学生は、こんな発言をしています。

　　サラ「私は、日本の大学入試が高校のカリキュラムと直結していることに驚きました」
　　クララ「私もそう。生徒を良い大学に入れるという責任が先生にあるなんて、本当に驚きです。デンマークでは、『その生徒

が最善を尽くせるように』指導したかという以外に、教員が生徒の将来に関して責任を感じることはありません。ところが、日本の先生はクラス全生徒の将来に責任を感じているのではないかと思うほどでした。」

サラ「日本の生徒が習う英単語の量にも驚きました。でも、それを使って作文するのは苦手みたいですね。みんな教科書を訳していました。それに、ほとんどの生徒は日常英会話すらできません。なぜ日本で英語を教えているのか不思議になりました。デンマークの英語教育には『世界への入り口として英語を使う』という明確な目標があって、英語教師の役割は『英語を使って世界に出て行く準備をする』ことです。日本では、大学に合格するために勉強をすることが重要なようですね。」

(都留文科大学 (2020) 58-59)

日本の教育は一人ひとりの人生を創り出していないというのです。

こんな発言を聞いて、皆さんは「えっ、間違ってたの」「そんな〜」、なんて考えませんか。テストのための勉強は、テストが終われば忘れてしまう。受験のための勉強は、入学した途端に目標を見失ってしまう。卒業した途端に、毎年、莫大な量の教科書が捨てられています。でも、人生は捨てられない、ですよね。

社会学、日本学などの専門家で、言語政策の研究者フローリアン・クルマス (Florian Coulmas) は、ヨーロッパの言語教育が外国語を重視したのは、一つには「EC 市民 (EC citizens)」の言語スキルの改善と、もう一つには、移民労働者の特別な言語要求への対処にあったと指摘しています。(Coulmas (1991) 9)

ヨーロッパ諸国はいつ頃から変化したのでしょうか。日本と異なる世界があることを知ると、異なる生き方も「やってやれないことはない」ことと思えます。「一斉に同じ授業を待つ」日本人的マインドセットを『成長マインドセット』に取り替えてみませんか。

目次／CEFR<ruby>セファール</ruby>って何だ──インクルーシブな語学教育

CEFR って何だ

——インクルーシブな語学教育

第1章　排除かインクルーシブ（包摂、共生、統合）か

「self-determination（自己決定）」ということばは、第一次世界大戦を通じて「民族自決」として多くの人々には意識されるようになりました。

まず、1917年11月（旧暦10月）に樹立されたソビエト政権が、自分たちの正当性を求めて「民族自決」に関する規定を定めた「布告」（宣言）を出しました。領土の無併合や無賠償金なども提案されていました。

これに対抗して、アメリカ合衆国大統領ウィルソン（Thomas Woodrow Wilson）は、ドイツの降伏を促し、バルカン半島における諸民族の独立、さらには国際連盟を想定した「民族自決」を打ち出します。この思想は、第一次世界大戦の講和であるヴェルサイユ条約（1919年）として結実しました。

しかし、この「民族自決」という思想は、アジアやアフリカの地域にも広がり、植民地を持っていた帝国、人種・民族問題を抱えた多民族国家にも広がっていきました。にもかかわらず、第二次世界大戦の直後には、勝ち組の利益が優先されるように古い国境線が維持されました。国家が民主的に運営されていれば格差や不平等の問題は「個人」の能力と努力の問題であって、民族や宗教や言語に基づく「集団」の問題ではないと解釈されました。国境線の引き直し

をストップするには、そうする他なかったのです。依然として、「一民族一言語一国家」を建前とした国家主権の原則が、近代の国際社会の原理となっていました。

「self-determination（自己決定）」とは個人が自分の生き方を決定することなのでしょうか。それとも、民族自身が民族の将来を決定することなのでしょうか。民族という集団が決めてもよいならば、国内部の少数集団や、国を越えて散らばった民族集団が決定してもよいのではないでしょうか。独立を期待したクルドやパレスチナなどでは不満がくすぶります。スペイン、フランス、英国などの国でも、個人主義だけでは解決つきそうにもありません。国境線を引き直したとしても解決つきそうもありません。それは、歴史が示しています。

ヨーロッパ社会は70年以上をかけて、国境を越える思想をあたため、地域的な少数者の権利を認めたモザイクのような統一を目指す他ないという「新しい選択」をします。最後の引き金は、1990年を前後して起きた冷戦構造の崩壊です。そこに至るまでのたくさんの努力を、まず、読者の皆さんに考えてもらおうと思います。なぜならこの試みは、人類が生き残れるか否かを左右する地球規模の試みだと思うからです。

（1）一民族一言語一国家の実態

欧州評議会（Council of Europe）は、フランスのストラスブール（Strasbourg）に置かれています。この町の名の綴りは、ドイツ語ではStraßburg です。元をたどると、アルザス語の Schdroosburi、「街道の街」という意味です。欧州議会もまたストラスブールに置かれていますので、わけがあるに違いありません。

皆さんは、「最後の授業」という話をご存じですか。かつては教科

書に出ていたので、筆者くらいの年代の日本人ならこの話をだれもが知っています。普仏戦争が終結した1871年、ストラスブールを含むアルザス＝ロレーヌ地方のかなりの部分がプロイセン（ドイツ帝国の前身）に割譲されることになりました。プロイセンに敗れたフランスでは、反ドイツ感情が高まります。1873年に「アルザスの少年の話」という副題が付けられて小説が出版されると、愛国心を煽る格好の材料となりました。

　この話は、その日を迎えたアルザスの小学校の話です。フランツという生徒の目線で描かれています。

　　「アメル先生は、教壇に上り、私を迎えたと同じ優しい、重みのある声で、私たちに話した。

　　『みなさん、私が授業するのはこれが最後です。アルザスとロレーヌの学校では、ドイツ語しか教えてはいけないという命令が、ベルリンから来ました……　新しい先生が明日見えます。今日はフランス語の最後のおけいこです、どうかよく注意してください。』

　　この言葉は私の気を転倒させた。」

　　「それから、アメル先生は、フランス語について、つぎからつぎへと話を始めた。フランス語は世界じゅうでいちばん美しい、いちばんはっきりした、いちばん力強い言葉であることや、ある民族がどれいになっても、その国語を保っているかぎりは、そのろう獄のかぎを握っているようなものだから、私たちのあいだでフランス語をよく守って、決して忘れてはならないことを話した。」

　　「とつぜん教会の時計が十二時を打ち、続いてアンジェリュスの鐘が鳴った。と同時に、訓練から帰るプロシア兵のラッパが私たちのいる窓の下で鳴り響いた……　アメル先生は青い顔を

して教壇に立ちあがった。これほど先生が大きく見えたことは
なかった。

『みなさん、』と彼は言った。『みなさん、私は……私は……』

しかし何かが彼の息を詰まらせた。彼は言葉を終ることができ
なかった。

そこで彼は黒板の方へ向きなおると、白墨を一つ手にとって、
ありったけの力でしっかりと、できるだけ大きな字で書いた。

『フランスばんざい！』

そうして、頭を壁に押し当てたまま、そこを動かなかった。そ
して、手で合図をした。

『もうおしまいだ……　お帰り。』」

（ドーデー (1873) 13, 15, 17）

　明日からはフランス語を学ぶこともできなくなる、こんな悔しい
ことはない、と教師に語らせ、子どもたちの自覚を高め、愛国心を
描いた物語としてフランス人に評価されたらしいのです。

　しかし、『最後の授業』の筋書きにはそもそも無理がありました。
アルザス＝ロレーヌ地方は独自の文化と言語を持っていたのです。
ドイツ語系の住民に対して学校を通じてフランス語を強要していた
のはフランス政府の方だったというわけです。そのため、第一次世
界大戦でドイツが敗北すると、1918年11月8日に、アルザス＝ロ
レーヌ共和国として独立を宣言します。民族自決を唱え、少数民族
の独立と国際連盟を構想していた米国のウィルソン大統領は、この
新生共和国を承認しようとします。しかし、フランスは独立を拒絶
し、11月19日に占領してしまいます。多くの人々が心配した通りに、
自国民の解放を唱えてナチス・ドイツが彼の地に侵攻することにな
ります。当然にまた、第二次世界大戦でドイツが敗北するとフラン
ス領になりました。したがって、アメル先生が黒板に書くべき文字

は「フランス万歳」でよかったのだろうかと考え直すべき筋書きなのです。

　日本も無縁ではありませんでした。この短編小説は1927年に日本の教科書にも登場し、1946年以降の戦後に姿を消しますが、1952年には再登場します。さらに、1985年からは再度姿を消しています。

　実は、民族と言語と国家は切り離しがたく結び付いてきたのです。「国語」政策、その裏返しとしての少数者言語政策と愛国心教育とは政治的なつながりが起きてきてしまうので、その扱いは慎重にしなければならないということです。

　したがって、ストラスブールは、ドイツとフランスが今後に戦争を起こさぬ象徴として、いわば宗教や民族の共存とヨーロッパの平和の象徴として現在に存在しているわけです。

　別の言い方をしましょう。一つの民族が一つの国家を創ることができるというのは、民族自決権として近代国家の原則となっていました。しかし、陸続きの広大な大陸では複数の集団(民族、宗教、言語などによる)が入り組んで居住しているのが普通です。家族内でも異なる集団に属するということが起きます。そこで、国境線を引くのは不可能ということになるわけです。それでもなお引こうとすると、争い、時には戦争が起きたりします。民族浄化という異常な状態も起きます。難民が出たり、少数者が差別されて放置されたままになることもあります。

(2) 新渡戸稲造と国際連盟

　第一次世界大戦の後、1920年ころ、ヴェルサイユ条約に基づくパリ講和会議でヨーロッパの帝国主義を批判し、列強諸国に人種の平等、後の民族の平等という概念を提案したのは何と、日本でした。

　国際的な対立関係を解消しようとして国際連盟（League of Nations）が、スイスのジュネーブに設立されました。事務次長に就任した新渡戸稲造は、フィンランドの独立に際してスウェーデン人が多く居住するオーランド諸島を「自治領」として遇する解決策の実現にこぎ着けました。フィンランドは、スウェーデン領からロシア領になっていましたが、ロシア革命の結果、歴史上初めて独立できることになりました。ところが、オーランド諸島の住民はスウェーデンの言語、文化を持ち続けています。オーランドの住民は「民族自決」の原則を掲げて、スウェーデンの一部として独立することを望みました。スウェーデンもまた、「民族自決」を掲げてそれを支持します。もしそれを認めれば、スウェーデン系住民が密集する陸続きの地域にもこれを認めなければなりません。フィンランドは、国内少数民族として考え、「民族自決」の原則を掲げて、オーランド諸島も一括して一つの国家として独立することを主張します。そうなると、ロシアから独立してもまたもや内戦が起きてしまいます。

　国際連盟は、それを決定する権利があるのか疑われましたが、初めて国際機関が国境線という国家主権の問題に介入することになりました。専門家たちが多くの議論を重ねた後、領有権をフィンランドに残したまま、オーランドは自治領として公用語を決め、学校教育を運営するなど文化的に独自の権利を有することに決まりました。「民族自決」を国家単位ではなく、マイノリティ集団にも適用した最初の例となりました。

　また新渡戸稲造は、貧者の国際語としてエスペラント語を世界中の学校で教えようと運動しました。彼は、国際連盟の作業言語、いわゆる公用語にエスペラントを加えようという動きにも加わりますが、実現しませんでした。

　いずれにしても、言語は民族問題の基本要素となります。

（3）移民と難民とヨーロッパ

　国境線を越えた他国に同胞がマイノリティ集団として居住する場合、「民族自決」が戦争に発展することがあります。ヒトラーのドイツが、オーストリアを併合したのもその一例で、世界大戦にまで発展しました。したがって第二次世界大戦後には、各国は経済的あるいは政治的な格差を個人の問題だと解釈し、国内民主主義を徹底すれば解決がつくという立場をとりました。self-determination は、個人が能力を高めて責任をとるべき「自己決定」と解釈されたわけです。この個人努力こそが移民、難民問題へと帰結していきます。

　移民は、より多くの収入が得られる経済的に豊かな国へ移動します。経済的な「自立」を目指すことと解釈できます。同時に、先進国は、低賃金労働を移民にあてがいます。難民は、政治的な抑圧を逃れて自由な国に移動して安全な生活を目指すことと解釈できます。政治的な「自律」を目指すこととも考えられます。

　まず、植民地を抱えていた英国やフランスは、アイルランドやモロッコ、アルジェリアなどの国をどのように切り離すのかという複雑な課題を抱えてしまいました。宗主国に残った「外国人」は限られた地域に住み着いて小集団で暮らしたようです。

　1960 年代にはトルコや旧ユーゴスラビアからドイツ、フランスへという労働者の移動がありました。主として男性労働者が低賃金労働に数年間就労し、大半の者は帰国したようです。1970 年前後にイタリア、スペイン、ポルトガルからフランス、ドイツ、ベルギーなどに渡った移民には、女性もまた少なからず含まれていました。母国では、女性が蔑視され、家族、親族、コミュニティの目を気にすれば、家庭の外に出ることは厳しかったのです。移民先のホ

スト国では、職に就き、社会生活をする自由と生活の保障を得ることができました。多数の子どもを産み育てるという圧力からも逃れることができました。「自律」ということも実現できたのです。

「1973 〜 74 年から約 10 年間のヨーロッパ」（宮島喬（2016）13）は「多文化化（多民族化）」という社会変動を経験します。とりわけ、ドイツとフランスは 300 万人、400 万人という移民を受け入れていました。同じ頃、英国では、ウェールズとスコットランドが「自治」か「独立」かと揺れていました。

中東からの難民、とりわけクルド系移民は、庇護申請をして受け入れられる可能性が高いドイツ、フランス、スウェーデンに多く集まることになりました。1985 年には、「シェンゲン協定」が成立し、入国管理に関する国境検査が廃止されます。英国は、この協定には加盟せず、国境検査を維持しましたが、それでも EU に移住した難民が流入してくることになります。大きな転機は、2015 年に起きます。（宮島喬、佐藤成基（2019）14）ドイツやスウェーデン、オランダなどを筆頭に、EU 諸国は 100 万人近くの庇護申請者を受け入れます。シリア等の中東の難民なのですが、ポーランド等の域内移民がこれに加わります。一時期経済が発展したスペインに対しても、経済に低迷するモロッコなど北アフリカ諸国や中南米諸国からの流入が起きました。こうして、2019 年の国連発表では、ヨーロッパには 8200 万人、北米には 5900 万人の移民、難民が住んでいると言われています。

ヨーロッパ社会が移民たちを受け入れてパートナーとして定着させるには、あるいは移民たちがヨーロッパ社会で生きていくためには、つまり「自立」し「自律」するためには、言語の問題がやはり大きくのしかかってきます。ヨーロッパの域外からの移民、難民の言語は、保護されるべき「ヨーロッパの地域言語および少数言語」

ではなく、「外国語」として扱われています。北欧の福祉国家では、未成年者の母語保障を、週 2 時間程度、自治体の義務で行っています。

このようなインクルーシブの政策に対して、各国で「右翼ポピュリズム（right-wing populism）」とか「極右（extreme right）」という政治勢力が急進し、米国では 2016 年末にドナルド・トランプ（Donald John Trump）が大統領に当選しました。

（4）EU の教育・言語政策

経済や政治を統合するには、社会と個々の市民の意識が民族文化を基盤にしたものから変化しなくてはなりません。一人ひとりが社会を創り社会の中で役割を果たしていくシティズンシップ（市民像）の形成が課題になります。意識を創り出し、思考を支えるのは主として言語です。教育を支えるのもまた、主として言語です。このような関係を意識しながら、欧州連合の教育・言語政策をたどってみましょう。

1983 年、欧州閣僚理事会内大臣会議がイニシアチブをとり、「ヨーロッパ市民権（European citizenship）」を審議しています。1984 年 6 月、欧州理事会（首脳会議）にて、「市民のヨーロッパ（people's Europe）委員会」の設置が決定しました。

EU（European Union、欧州連合）成立の直前、1984 年に、EC（European Community、欧州共同体）の閣僚理事会（the Council）と教育大臣会議（the Ministers for Education）は、

> 「『外国語の知識がヨーロッパ構築の中心要因である』と確認し、閣僚会議と教育大臣会議は、義務教育を修了する前に、最大限の生徒が母語に加えて二つの言語の実践的知識を獲得できるあらゆる適切な手段を促進すること、すなわち、『職業訓

練 (vocational training)、高等教育 (higher education)、成人教育 (adult education) において外国語知識のレベル維持を可能にするような』あらゆる手段を促進することにも合意した。」(EC (1984) 45)
と述べています。

1988 年 5 月 24 日、欧州閣僚理事会は「ヨーロッパ・シティズンシップ (European Citizenship)」を決議しました。これによって、「ヨーロッパ・シティズンシップの教育におけるヨーロッパ領域 (European Dimension)」が規定されます。各国は、自国の学校教育カリキュラムにヨーロッパ領域の育成を盛り込むことになります。(EC (1988))

英国を例にとりましょう。1990 年に、「英国ナショナルカリキュラム会議」における「シティズンシップ作業部会」は、ヨーロッパ領域の教育を「生徒にヨーロッパアイデンティティの感覚 (sense of European identity) を強化すること」と定義します。また、「教育におけるヨーロッパ領域は、生徒が他のヨーロッパ諸国においてコンピテンス証明を携えて (with a degree of competence) 生活し労働することをことを可能にする」だろうと述べています。

このあたりで、事態が急転することになります。1989 年 11 月 9 日にベルリンの壁が崩壊し、東欧から西欧に移民、難民の移動が懸念されることになります。さらに、1991 年 12 月にはソビエト連邦が崩壊し、バルト三国とロシア連邦の飛び地がヨーロッパに食い込んでくることになります。

1992 年 2 月 7 日には『欧州連合規約』いわゆる「マーストリヒト条約」が調印され、1993 年 11 月 1 日にはいよいよ発効します。教育政策が国を越えて統一され、「教育、職業訓練と青年」(第 126、127 条) が明記されます。そこでは、「教育におけるヨーロッパ領域の普及」「生徒と教師の移動」「青年の交流、社会指導者の交流」などが規定されています。しかし、各国の教育制度はそのまま残されました。

　また、「ヨーロッパ市民権」という章が独自に設けられ、『欧州人権条約』にて保証された「基本的人権 (fundamental rights)」を尊重することを確認し、「欧州連合の市民権がここに創設される」と宣言されています。地域言語および少数者言語の保護と発展が、民主主義と文化的多様性の原則からヨーロッパを建設するための重要な貢献をなすものととらえられています。

　1993年6月に、欧州閣僚理事会 (European Council) は、EUへの加盟基準を提示し、民主主義、法の支配、人権および少数民族の保護を保障する安定した制度を求めました。エストニアやラトヴィアにはロシア語話者が数多く残留します。エストニアでは人口の3割、ラトヴィアでは4割強という具合でした。エストニアもラトヴィアも、ロシア文化から離れて一民族一言語一国家といういわゆる国民国家を形成し、国語教育を強化しようと動きます。しかし、ヨーロッパは国を越えた共同体を形成し、「地域言語および少数者言語の保護」の時代に入っています。国民国家建設は陰りました。

　国境線は引き直さない、移民を追い返さないという原則を立てれば、ソ連時代の移民を「域内に存在している少数者言語の話者」として認めざるを得ません。これは、独立したばかりの小国にとっては、極めて大きな負担でした。

　欧州委員会が1995年に公表したEUの白書『教育と学習』では、5つの重点目的が定められ、1996年を「欧州生涯学習年 (European Year of Lifelong Learning)」と定め、「ヨーロッパ3言語の熟練を発達させる (develop proficiency in three European languages)」ことを重視しました。(EC (1995))

　民族文化に根ざす伝統的な教育制度を生涯学習制度に拡張し、国語・外国語教育もまた3言語教育に拡張して課題解決を図ろうとしたわけです。

(5) 欧州安全保障協力会議

　軍事衝突を避ける仕組みもまた、ヨーロッパには国を越えて形成
されてきました。

　1975 年 8 月 1 日には、ヘルシンキ会議 (Helsinki meeting) にて「最終
合意」(*Final Act of the Conference on Security and Co-operation in Europe*)、いわゆる『ヘ
ルシンキ最終合意』が作成され、欧州安全保障協力会議 (Conference on
Security and Co-operation in Europe: CSCE) が設立されています。後に、1994
年 12 月には、欧州安全保障協力機構 (OSCE) へと改組され、今日に
至っています。

　最終合意文書は、課題分野別に 3 つのバスケットに分かれていて、
バスケット 3 (Basket Ⅲ) は、人権、その他の問題を扱っていました。
家族の再会、情報の自由化、文化と教育の協力などが含まれています。

　最終合意文書に基づく継続会議 (Follow-up Meeting: FUM) は、マドリッ
ド (1980-83)、ウィーン (1986-89) と続いていきます。これらの会議を
通じて、アメリカやイギリスはソ連に対して申し立てや質問を行い
ます。主要な課題は、東西冷戦の中で人権を守る活動でした。

　1989 年には、人権問題に関する常設の監視機関を設置すること
となり、この「人権領域メカニズム (Human Dimension Mechanism)」第 2
回会議は、1990 年 6 月にコペンハーゲンで開催されました。東欧
の体制変化の結果、個々人としての人権保護から、集団としての人
権保護へと主要な課題が変化します。集団の権利を主張したのは、
ハンガリー、ユーゴスラヴィア、スイス、北欧諸国でした。ハンガ
リーの提案で、「個人としても、そのグループの他のメンバーとと
もにコミュニティにおいても享受できる」という一文が明記されま
す。「国家の公用語を学ぶ必要」と「母語の教育の適切な機会を与え
る必要」という表現で、特定地域で多く使用されている地域言語お

よび少数者言語もまた国語並みの扱いを受けるべきだと言うことで
す。

　それではより広い社会への統合の障害になると、米国やカナダ
からは反対意見が述べられました。（西村めぐみ（2000）118）、Heraclides
（1992）10-11）

　米国では、育児や学校教育で、イングリッシュオンリーかイング
リッシュプラスかという対立が生まれています。ヨーロッパでは、
マイノリィティの集団的権利を認めて、複言語主義（plurilingualism）、
例えば3言語で解決していこうとする道が模索されるわけです。

　「人権領域メカニズム」の議論を受けて、1990年11月に行われた
「欧州安全保障協力会議（CSCE）」加盟国政府首脳会議では『パリ憲章』
が制定されました。そこには、少数民族に属する個人に母語の権利
等を保障するため、国家が「特別の措置をとる」べきことが述べら
れています。

　ソビエト連邦の崩壊後の1991年9月に開催されたCSCEモスク
ワ「人権領域会議」では、米国、フランス、ギリシャは、民族の如
何に関わらずすべての市民は同様の権利と義務を持つとして、マ
イノリティ集団の特別な集団的権利を認めようとしませんでした。
ヨーロッパ国内には、例えば英国ではアジア系住民とアフリカ・カ
リブ系住民の摩擦、ドイツにおけるトルコ人とクルド人の対立など
が持ち込まれていました。英国のアイルランド人、スペインのバス
ク人、トルコのクルド人の問題は、長い歴史的対立を生んでいました。

　それでも、『ヘルシンキ宣言（the 1992 Helshinki Declaration）』は、一民
族一言語一国家という国家主権の概念とは決別しようとしていた、
すなわちどの国にもマイノリティ集団が存在し、何らかの対処をし
なければならないという立場に立とうとしていたわけです。

(6) 欧州議会

　欧州議会 (European Parliament) は、1987 年 10 月に「欧州共同体にお
ける地域マイノリティと民族マイノリティの言語と文化に関するク
ウェイペルス決議」(European Parliament (1987)) を出します。これによっ
て、ヨーロッパにおける少数言語保護の方向が確定しました。その
後も、1994 年の「欧州共同体における言語マイノリティと文化マイ
ノリティに関する決議」(European Parliament (1994)) などが出されてい
ます。

　『EU におけるマイノリティのミニマム・スタンダードに関す
る 2018 年 11 月 13 日の欧州議会決議』では、「教育への権利 (right to
education)」として、次のようなことが強調されています。「母語教育
の継続性」は文化的・言語的なアイデンティティの保持にとって極
めて重要であること、加盟国は適切な方法を用いて地域言語および
少数者言語とオフィシャルな言語との両方の教育を促進すべきであ
ることなどが提案されています。また、加盟国には、地域言語およ
び少数者言語の話者の要求を満たす教科書出版を促進し、不可能な
場合には他国で出版された教科書を使用することを容易にすること
が奨励されています。母語による高等教育の重要性として、医師を
マイノリティ言語で教育することが必要であると指摘している点は、
注目されるでしょう。また、マイノリティに属する生徒が、正規の
教育制度に統合されていない国があることには深く憂慮するとも述
べています。

　「言語権 (language rights)」としては、言語は文化的アイデンティティ
に不可欠の要素であることとマイノリティの人権であることを確認
した上で、言語多様性 (linguistic diversity) を保護し促進すべきことを強
調しています。EU 域内は、24 言語が公用語に、他に 60 言語の発

祥地となっていて、4000万人に上る地域言語および少数者言語の使用者がいるようです。ところが、国や地域によっては、言語の存続が危険にさらされていること、そのためにも欧州議会加盟国は、マイノリティ言語を確実に実践で使用できるように積極的に地方自治体に対して奨励すると述べています。（European Parliament（2018））

　欧州議会は、EU が採用している「多言語主義（multilingualism）」の原則が、国際組織においてはとてもユニークで重要であると指摘しています。欧州議会はここまでですが、欧州評議会は「複言語主義」とまで言い出しました。このことを次章で見てみましょう。

第2章　欧州評議会とCEFR（セファール）

　言語問題は、民族の独立だけでは解決しません。それでも、民族が独立できれば、その民族語で学校教育が行われます。何語で教師が授業をするか、何語で生徒が答えるか、これは社会にとっても個人にとっても大問題です。このような学校教育の手段となる言語は、「教授言語」と呼ばれます。「教授言語」が複数の国もあります。また、公的施設で使用される言語、いわゆる「公用語」を「国語」と呼ぶ国もあります。教育は、身の回りの言語から始まりますから、いわゆる「母語」を社会生活、とりわけ学校教育の言語とすることが望ましいことは分かります。「母語」は人格やアイデンティティそのものを形成する重要なものだからです。

　現実には、多民族国家であっても、教育行政によって「教授言語」は特定の言語に限定されます。「標準語」でない変種の言語は「方言」として駆逐する政策さえとられてきました。冒頭で紹介した『最後の授業』は、ドイツ語系言語を使用していたアルザス地方の言語を、フランスの方言として駆逐しようとした例なのです。

　そうすると、「教授言語」と「母語」が異なる場合には、人格やアイデンティティそのものは十分に形成されないということになります。これでは、学校教育は格差を定着させるだけになります。それならば、「母語」を捨て、国際社会で有利に働ける言語で能力を身

につけようとする家庭が出てくるのも不思議ではありません。最も良く諸能力を形成し、発揮する言語のことを、今日では「第一言語」と呼んでいます。移民たちの世界は「一家族、二言語、三世代」と表現されることがありますが、「第一言語」が民族語としての母語ではなくなっていくのが普通です。同じようなことは、国際結婚でも生じます。

1960年代のソビエト連邦では、ロシア語が「第二の母語」とさえ呼ばれ、中等専門教育や高等教育は生徒の民族にかかわらずロシア語で行われていたのです。それはなぜだと思いますか。

ロシア帝国の自治領だったフィンランドでは大学教育はスウェーデン語で行われていました。フィンランド語だけで授業がカバーできるのは、1920年のトゥルク大学に始まります。学問の専門性を教授するとなると、歴史ある大国あるいは科学技術が発展した国の言語が優位になり、それを吸収し翻訳し教育することは少数民族にとって圧倒的に不利になります。しかも、グローバルな社会では、職場で使われる言語もグローバルになります。

ヨーロッパは、「母語」＋「公用語」、「国語」＋「外国語」という古い図式を捨て、「複数の言語」を「人格とアイデンティティを形成する言語」としてとらえ、「複言語主義」とコンピテンスベースの「CEFR（セファール）」という画期的な解決方法を生み出します。この動きをリードしたのが、欧州評議会でした。

言い換えましょう。CEFRは、排除の論理ではなく、インクルーシブの論理で貫かれているということです。

(1) 欧州評議会と言語政策

欧州評議会は、難民や移住労働者への対策をとってきた長い歴史

があります。

　欧州評議会は、人権と法の支配、民主主義の発展と文化的協力を掲げて、1949 年 5 月のロンドン条約に基づいて設立されました。本部は、フランスのストラスブールにあります。創立国はフランス、デンマーク、ベルギー、アイルランド、ルクセンブルク、イタリア、オランダ、スウェーデン、ノルウェー、英国でした。独仏中心の EC、今日の EU とは別の組織です。その後、欧州評議会には、トルコ、ウクライナ、ロシアなど 47 カ国が加盟し、その人口は 8 億人に上っていますので、EU の倍近くの人口になります。カナダ、日本、メキシコ、アメリカ合衆国、バチカンはオブザーバ国となっています。

　1982 年には、評議会内に「欧州少数者言語事務局（European Bureau for Lesser Used Languages: EBLUL）」が編成されます。この事務局は、4000 万人ともいわれる少数言語話者の言語圏の保護のために活動を開始します。この組織は、欧州議会および欧州評議会の両者に関わり、EC および EU の欧州委員会ならびに地方自治体政府組織の両方から資金提供を受けて活動しました。

　教育（オランダのフリジア語）、メディア（カムリー語）、法律（カタルーニャ語）と、分野別に拠点が設けられていきます。法律面ではスペインのカタロニア地方、バルセロナが中心となって整備を進めました。

　1985 年には、欧州評議会は『学校における人権の教育と学習に関する勧告』（Council of Europe（1985））を出します。

　欧州評議会「欧州地域言語少数言語憲章」（1992 年）、「世界言語権宣言」（バルセロナ宣言、1996 年）を生み出しました。

　1992 年 6 月 22 日には、欧州評議会は、『地域言語あるいは少数者言語のための欧州憲章（European Charter for Regional or Minority Languages）』を採択します。1992 年 11 月 5 日に署名開始、5 か国の批准で 1998 年 3 月 27 日に発効しました。当時、欧州評議会には 27 カ国が加盟して

いました。

　欧州評議会には、1990年にハンガリーが加盟し、その後中欧、東欧諸国が次々と加盟しました。ロシア連邦は、1996年に加盟し、欧州評議会閣僚会議『ナショナル・マイノリティの保護に関する枠組み条約』(1994年採択)を批准、署名しています。

　英国は、『地域言語あるいは少数者言語のための欧州憲章』には、2000年3月2日に署名、2001年3月27日に批准し、7月1日に同憲章は英国においても発効しています。これにて、英国で初めて少数者言語が認められることになりました。

　言語問題を扱う部署は、「現代語局(Modern Language Division)」から、2002年には「言語政策局(Language Policy Division)」に改組されました。

(2) 欧州評議会の複言語主義

　欧州評議会の言語政策部門は、複言語主義という造語で、ヨーロッパの言語政策を提案しています。多言語主義は一般的に使われていますが、これは社会状況を表す用語です。ある社会で複数の言語が広く用いられ、場合によってはオフィシャルに複数の言語が使われている状態です。また社会の多くのメンバーが、そのような状態を好ましいことと考えて、許容していることです。複言語主義とは、その社会で社会の多くのメンバー一人ひとりが、複数の言語を使用する能力がある状態です。学校教育では、基礎教育(義務教育相当)で、少なくとも3言語が教えられます。

　言語を使用する能力はコンピテンスとして表現されていますが、一人が複数の言語を使用すべきだという思想や価値を表すことばと考えられています。

　言語力を能力(ability)という用語よりはコンピテンス(competence)と

いう用語でとらえよう、言語使用能力をコンピテンス・ベースで定
義しようとする動きは、言語学あるいは言語教育の研究者の間では
かなり早くから起きていました。言語は道具であり、使えなければ
意味がないということです。

　バイリンガルを教育政策とすると、使い道が大きい言語というこ
とで、第二言語として英語を学ぶことになるという傾向は避けられ
ません。だとすると、母語＋英語＋ one（プラスワン）、もう一言語と
いうのが現実的な複言語主義になります。

　日本人のなかには、グローバルな時代には英語を知った方がよい
が、日本語はヨーロッパ言語と言語体系が異なるので他言語の習得
は困難であること、日本語は一言語だけで大学教育まで可能なので
他言語はそれほど必要ないこと、日本人は日本語だけで暮らせるよ
うになっているので無理に学ばなくてもよい、つまり複言語主義は
そぐわないと判断する人がたくさんいます。

　では、なぜヨーロッパでは、様々な組織を作ってマイノリティ
の言語を守ろうとしたのでしょうか。なぜ、たくさんの国の言語を
守ろうとしているのでしょうか。たとえば、各国の言語は EU の公
用語として認められています。それは、一人ひとりのことばをかけ
がえの無いものとして大切にしようという「民主主義」の現れです。
ヨーロッパの言語は、民主主義のことばで満ち溢れるように作り替
えられつつあるのです。

　翻って、日本語は様々な時代に中国語が輸入され、漢語の概念が
満ち溢れています。日本語に、つまり漢語に翻訳した途端に、東ア
ジアの文化で解釈する言語に変質してしまいます。例えば、「反省」
ということばは、失敗の原因探しに向けられます。reflection を「振
り返り」と翻訳すれば、過去を見ることになってしまいますが、本
当は「今、自分はどこにいるのか」「これから何ができるか」「そのた

めには何をしなくてはならないか」と未来を呼び寄せようというこ
とばなのです。自律とは、個人の好き勝手にすることではなく、個
人が立てた未来の目標に向かって自分で考えて判断し、最もよいと
考える行動をし、自分で責任をとること（他人のせいにしないこと）な
のです。自分が確信をもって判断したのなら、「周りの皆がそうし
ているから」とか、「他人の目が怖いから」というようなことで判断
してはならないということです。critical thinking を「批判的思考」と
訳せば、他者の悪いところをあげつらうことのように解釈され、人
間関係が壊れるのではないかと日本人なら尻込みするところです。
ヨーロッパで使っている意味は、相手の言うままに従うことでなく、
丸暗記することではなく、一つ一つじっくり考え、様々な視点から
チェックし、もっとよい方法はないのかなどと考えることです。

　複数の言語を学ぶことは、複数の視点から考えるという利点があ
ります。

(3) コンピテンス理論で言語教育を構成する

　言語学の視点からコンピテンスに注目したヒムズ (D. Hymes) は、
チョムスキーに対して、文法を生成させるコンピテンス (grammatical
competence) だけではなく、言語を適切に使用する能力もまた人間
が獲得するのだと述べて、「社会言語的コンピテンス (sociolinguistic
competence)」を強調しました。(Hymes, D. (1972)) 個人内部の能力と社
会的な活動とを結びつけるように視点を転換しようというのです。

　ブライアン・スピルバーク (Brian H. Spitzberg) とクパッハ (Wiliam
R. Cupach) は、コミュニケーション・コンピテンス (communication
competence) という用語を 1984 年に使用しています。彼らは、コンピ
テンスを、「目的を達成するために、周囲の環境に時間をかけて (over

time）効果的に適応する能力」と定義しています。(Spitzberg (1984) 35) 言語を使用する能力を、静止した知識や技能の量で測るのではなく、解決しようとする意欲を持ち、対象に合わせて必要な知識や技能を結びつけながら使用し、対象の反応を見ながら考えて活動を調整していくという動的なプロセスをつくり出すコンピテンスとしてとらえようというわけです。この発想の転換は極めて革新的なことでした。

　このような時代に、CEFR が構築されていくことになります。

　最初の試みは、1975 年の「言語熟達の『スレショールド』レベル ("threshold" level of language proficiency)」の作成でした。作成者は、ユトレヒト大学応用言語学研究所長のファンエーク (J. A. van Ek) です。

　このいきさつを詳しく述べれば、「欧州評議会」内の「文化協力審議会 (Council for Cultural Co-operation)」が、ヨーロッパにおける成人の言語 (adult language learning) に対する単元・単位制度 (unit/credit system) の開発を目的にして専門家グループを集めました。担当したのは、「校外教育・文化発達委員会 (Committee for Out-of-School and Cultural Development)」と「教育工学運営委員会 (Steering Group on Educational Technology)」です。座長は、ケンブリッジ大学言語学科長のトリム (J. L. Trim) があたりました。この成果が、『スレショールド』という著作になります。アレキサンダー (L. G. Alexander) によって言語学的な側面が付録として収録されています。(van Ek (1975) i、ヴァン・エック、トリム (1998) vi)

　この研究者グループの活動目標は、すでにある程度の言語を使用している成人の「学習者がすでに知っていることに基づいて」「直面しなければならない学習課題を明確化する」ことにありました。幼児期からの言語発達を理論化することではなく、成人が職場や社会で言語を使用する場面を想定して、言語力の構成について、つまり言語をどう生み出し使うかを理論化しようとしたわけです。作成さ

れた『スレショールド』レベルとは、語学の入門編ではなく、すでに社会生活している人々を対象に考察されており、後にこのレベルは中級学習者レベルとして扱われるようになりました。

　この研究者グループの語学力に対する立場は、文法と語彙といういわゆる言語学的スキルの形成ではなく、

　「もちろんわれわれは、一定の語彙および文法と、定めようもなく、部分的にしか記憶されないのに、大部分は特定の目的に向かって特別に集めておこなわれる大量の、一連の発話をコントロールしなくてはならない。しかし、かつ、この研究者グループにとって、このような原則は基本的に重要ではない。つまり文を形成するという道具、文法と語彙はそれ自体が目的ではない。それは、コミュニケーション機能の実行力への単なる手段にすぎない。実際に重要なことは、コミュニケーション機能の実行力なのである。」(van Ek (1975) 2、ヴァン・エック、トリム (1998) vii)

とあるように、目に見える実行力 (performance、パフォーマンス) に向けられていました。

　また、能力の記述も、「一般的な社会的コミュニケーション能力 (general social communicative ability)」と表現されています。この時点ではまだ、コンピテンスとして言語力が記述されてはいません。(van Ek (1975) 2-ii、ヴァン・エック、トリム (1998) viii)

　1978 年には、英語の単行本 (van Ek (1978)) がロンドンで出版されています。さらに、1980 年になると、アレキサンダーによって言語学的な側面が付録として加筆されて再版されています。これらの著作は、欧州評議会の作業部会の設置に向けて用意されたものでした。1980 年版の序文には、文化的な内容が不足しているとの批判があったことが紹介されていますが、同時に、『スレショールド』の出現が「言語教育を文法構造学習中心の不毛なものから、人々の

自由な往来や考え方の交換に不可欠な媒体に変える」（van Ek（1980）viii）ことになったと評価されています。

1979 年に「欧州評議会プロジェクトグループ（the Council Europe Project Group）」は作業部会（working-party）を設置し、「スレショールド・レベルの諸文献で構築されたものよりもより複雑な言語学習対象の全体モデル」を検討することにします。その結果は、欧州評議会内の文化協力審議会の「第 12 プロジェクト―現代語―コミュニケーションのための現代語の学習と教育（Project 12. Modern languages - learning and teaching modern languages for communication）」の報告として 1986 年と 1987 年に刊行されました。この報告は 2 冊の『外国語学習の対象（Objectives for Foreign Language Learning）』（第 1 巻は領域（scope）、第 2 巻はレベル）と呼ばれる報告書となります。その特徴は、言語能力が個人としての学習者と社会的存在としての学習者の両面を発達させることを明確にし、コミュニケーション能力（communicative ability）の発達を「認知的（知的）発達（cognitive（intellectual）development）」と「情緒（感情、モラル）の発達（affective（emotional and moral）development）」、いわゆる非認知的側面を一体のものとしてとらえたことでした。（van Ek（1986））

さらに、ファンエークは、1986 年の『外国語学習の対象―第 1 巻・領域（Scope）』では、言語コミュニケーション能力を 6 分野のコンピテンスで表現するモデルを提示します。すなわち、「言語学的コンピテンス（linguistic competence）」「社会言語学コンピテンス（socio-linguistic competence）」「会話コンピテンス（discourse competence）」「戦略的コンピテンス（strategic competence）」「社会文化的コンピテンス（socio-cultural competence）」「社会的コンピテンス（social competence）」という 6 分野です。

翌 1987 年になると、欧州評議会内の文化協力審議会は、「ヨーロッパ市民のための言語学習」という新たなプロジェクトを発足させ、『スレショールド』と『ウェイステージ（Waystage、中間点）』の改

訂作業に入ります。ブリティッシュ・カウンシル (British Council) と
ケンブリッジ大学地域試験連合 (University of Cambridge Local Examinations
Syndicate)、BBC 英語 (BBC English) の協力を得て、1989 年と 1990 年に
作業が行われました。この結果が、『スレショールド 1990』(1991 年)
と『ウェイステージ 1990』(1991 年) の出版に結実します。

　1991 年 11 月に、スイス連邦政府の主導で、スイスのリュシュリ
コン (Rüschlikon) において、「ヨーロッパにおける言語学習の通約性と
一貫性—対象、評価、資格 (Transparency and Coherence in Language Learning in
Europe: Objectives, Evaluation, Certification)」に関する政府間会議 (Intergovernmental
Symposium) が開催されます。そして、激動の 1990 年代に突入してい
きました。

　このような 20 年以上にわたる研究と検証を経て、2001 年に『外
国語の学習、教授、評価のためのヨーロッパ共通参照枠 (CEFR、セ
ファール)』が公表されます。社会生活や職場で具体的に用いられる
言語能力、いわゆるコンピテンスの立場から言語力を規定している
ことが最も大きな特徴です。「なぜ」「何のために」自分たちは言語
を学び、どう使うのかを、生徒や教師が問える仕組みになっていま
す。子どもから大人に至るまで、自己評価をしながら自ら学ぶ手引
きになっています。留学条件の評価もこの参照枠に沿って行われる
ようになりました。学生たちは、語学試験の点数ではなく、自分が
どこの大学のどの学部・学科で何をどう学ぶのか、たとえばグルー
プワークの方法などを考慮して、留学の準備をしていくことができ
るようになりました。

(4) CEFR の理念

　言語学習は「一生の課題 (life-long task)」であると CEFR は定義しま

す。（Council for Cultural Co-operation（2001）5、文化協力審議会（2004）5）

　さらにまた、一人ひとりが複数の言語を使用する複言語主義を教育と学習の基本原理にしています。そこで、この複言語主義を実現するには、

> 「ただ、一つの学校あるいは教育制度の中で学習可能な言語を多様化すること、生徒に複数の言語を学ぶように奨励すること、あるいは国際社会における英語のコミュニケーション上の地位を引き下げることで達成される。」（Council for Cultural Co-operation（2001）4、文化協力審議会（2004）4）

とあるように、外国語学習が英語に偏重することのないように大きな配慮がなされています。個人は、生活の中で身につけた「多数の言語の知識を総動員して」コミュニケーションするように、言語教育の目的は、「理想的母語話者を究極モデルとして」その言語をマスターするように、「根本的に変更される」べきであるとCEFRでは強調されています。（Council for Cultural Co-operation（2001）4-5、文化協力審議会（2004）4）

（5）CEFR のコンピテンス論

　CEFR では、言語学習もまた言語使用（language use, embracing language learning）の一部と考えられています。これを、CEFR では、「行為志向アプローチ（action-oriented approach）」と呼んでいます。言語活動の根本的な理解は、次のようです。

　「人は、個人としてかつ社会的活動主体（social agent）として、一般的コンピテンスと、特別なコミュニケーション言語コンピテンスという両方の、コンピテンスの範囲を持っている。そして、各自が利用できるコンピテンスを使いながら、様々なコンテクスト、様々

な条件、様々な制約の下に言語活動に携わる。」(Council for Cultural Co-operation (2001) 9、文化協力審議会 (2004) 9)

　CEFR が明らかにした言語コンピテンスの全体構造は、次のような**表1**にまとめられます。表のうち、これまで日本で語学力としてテストされてきたのは「言語学的コンピテンス」であり、英語の授業で取り上げられてきた領域は「コミュニケーション言語コンピテンス」だということがわかります。CEFR は、どこで、何のために、何をどう使うかという具体的な能力が考慮されていて、語学力一般ではないようです。

　要するに、コンピテンスには総合的な判断が必要であるということです。それぞれのコンピテンスは、課題によっても、使用するコンテクストによっても、あるいは援助する人が傍に居るかによっても異なるでしょう。たとえば、コミュニケーション活動 (communicative activities) についても、

　　「『ができる』型の記述 ('Can do' descriptors) は、受容 (reception)、交流 (interaction)、産出 (production) のために提示されている。すべてのレベルにわたりすべての下位カテゴリーに記述がないかもしれない。というのも、活動の中にはあるコンピテンスのレベルまで達しないと行われ得ないものや、高いレベルでは評価の対象にならない活動もあるからである。」(Council for Cultural Co-operation (2001) 25、文化協力審議会 (2004) 24)

と説明されるように、簡単にコンピテンスのレベルを区切れないと CEFR は説明するわけです。ほんのわずかの人が最先端で使用する言語コンピテンスは、評価のしようもないということもまた、現実的です。

　CEFR の定義には、「できない」ということばは使われていません。「できる」能力でレベルを決めていくわけで、「できない」ことがあっ

表 1 CEFR が想定する言語コンピテンスの全体構造

コンピテンスの種類	要　素	
一般的コンピテンス （general competence）	知識 （knowledge）	叙述的知識（declarative knowledge）。個々人の体験に基づく知識（from experience）（経験知 empirical knowledge）とフォーマルな学習によって得られた知識（from learning）（学問知 academic knowledge）
	スキル（skills）と ノウ・ハウ （know-how）	手続を遂行する力。自分の方法を容易に見つけることができる。AV やコンピュータ（インターネット）を学習資源（リソース）として操作する。
	生活コンピテンス （existential competence）	自己イメージ、他人に対する見方（view）、社会的交流時における他人への前向きな気持ち（willingness）といった、個人の性格（individual characteristics）や人格的特質・態度（personality traits and attitudes which concern, for example）
	学習能力（ability to learn）	生活コンピテンス、叙述的知識、スキルを動員する力（mobility）で、様々なコンピテンスを引き出す（draw）もの。例えば、話し合いの中心になったり、他人から助け船を出してもらう生活コンピテンスや、知識の背景に関する文化への意識を含む叙述的知識や、インターネットを使って情報を得るスキルなど。
コミュニケーション言語コンピテンス （communicative language competence）	言語学的コンピテンス（linguistic competences）	語彙、音韻、統語論（lexical, phonological, syntactical knowledge）、およびシステムとしての言語の他の側面に関する知識とスキル。それへの組織とアクセス（organisation and accessibility）は人によっても、また個人の内でも異なる。
	社会言語学的コンピテンス （sociolinguistic competences）	社会習慣への感覚（sensitivity to social convention）があるかないかで異なる。
	言語運用コンピテンス（pragmatic competences）	テクストのタイプや形式の特定、皮肉やパロディなど言語学的なリソースの機能的な使用（functional use）。

Council for Cultural Co-operation（2001）9-14、文化協力審議会（2004）9-15

てもよいという発想です。つまり、言語活動は総合的なものなので、社会的な一連の活動ができればその領域で「なんとかなる」と判断されます。人間は社会生活をしているので、人間関係がよい方向へサポートすれば、うまくいくはずです。したがって、あるレベルが完璧にできたら次のレベルに昇格するというような発達観があるわけではありません。重要な部分ができて、その他はなんとかなるだろうというわけです。しかし、社会的な助けがない場合には、相当の実力を個人が保持していなくてはならないことも事実です。つまり、コンピテンスは、孤立した個人プレーではなく、社会的条件がよければ、効果もまた大きく増幅されるということです。

(6) CEFR のレベル

コンピテンス内容の評価は、共通参照レベル (Common Reference Levels) の「全体尺度 (global scale)」として、表 2 のように表現されています。一見して、コンピテンス・ベースの教育になっていることが分かります。これが、分野によってさらに具体化されるという仕組みになります。

実際には、判断しにくい場合には、もう少しレベルを区切って表 3 のように使用されています。

極めて大雑把に言えば、A1 が小学生、A2 が中学生、B1 が高校生または専門学校生、B2 が大学生または初級資格労働者、C1 が専門職員または中級資格労働者、C2 がオリジナリティーを発揮する高度な専門職員、研究者、高級資格労働者となります。

一見して分かることですが、CEFR のレベルはテストの点数で分けられているわけではありません。ここが最も重要なところです。

CEFR 型の教育を受けていない人向けに、CEFR のレベルと業者

表 2　CEFR が定義する言語レベルの全体尺度

熟達した使用者 Proficient User	C2	聞いたり、読んだりしたほぼすべてのものを容易に理解することができる。一貫した表現で根拠や論点を再構成しながら、話しことばや書きことばの様々なところから情報をまとめることができる。非常に複雑な状況でも意味の細かいニュアンスを区別しながら、自然に流暢かつ正確に自己を表現できる。
	C1	幅広い分野から要求されたかなり長いテクストを理解でき、暗示された意味を把握できる。言葉を探しているというはっきりした印象を与えずに、流暢かつ自然に自己を表現できる。社会的、学問的、職業上の目的に応じた柔軟かつ効果的な言葉遣いができる。構成パターン、その接続、一貫させる工夫をコントロールして使用していることが分かる形で、複雑な話題について明確で、しっかりとした構成の、詳細なテクストを作ることができる。
独立した使用者 Independent User	B2	自分の専門分野の専門的な議論も含めて、抽象的話題や具体的話題の複雑なテクストの主要な内容を理解できる。お互いに緊張しないで、母語話者と通常の交流ができるくらいに一定程度の流暢さで自然な交流ができる。広範囲の話題について、明確で詳細なテクストを作ることができ、様々な選択肢について長所や短所を示しながら時の話題について自己の視点を説明できる。
	B1	仕事、学校、娯楽などで普段出会うような身近な話題について、明確で標準的な話し方であれば主要点を理解できる。その言語が話されている地域を旅行しているときに起こりそうな、たいていの事態に対処することができる。身近な、あるいは個人的に関心のある話題について単純に結合されたテクストを作ることができる。経験、出来事、夢、希望、野心を表現し、意見や計画について理由や説明を短く付けることができる。
基礎的な使用者 Basic User	A2	ごく基本的な個人的情報や家族情報、買い物、近所、仕事など、直接関係のある領域に関するよく使われる文や表現が理解できる。簡単で日常的な範囲なら、身近で日常の事柄についての情報交換に応ずることができる。自分の背景や身の回りの状況や、直接的な必要性のある領域の事柄を簡単な言葉で説明できる。
	A1	具体的な欲求を満足させるための、よく使われる日常表現と基本的言い回しを理解し、用いることができる。自分や他人を紹介することができ、どこに住んでいるか、誰と知り合いか、持ち物などの個人的情報について、質問したり答えたりできる。相手がゆっくり、はっきりと話し、助けてくれるなら、簡単なやりとりをすることができる。

Council for Cultural Co-operation (2001) 24、文化協力審議会 (2004) 24

表3　CEFR の評価のレベル

C2	Mastery
C1	Effective Operational Proficiency
B2$^+$	Strong Vantage
B2	Vantage Level
B1$^+$	Strong Threshold
B1	Threshold Level
A2$^+$	Strong Waystage
A2	Waystage
A1	Breakthrough

Council for Cultural Co-operation（2001）33-36、文化協力審議会（2004）34-36

テストの得点との換算表というものが作られていますが、語学力
の定義も本人の学び方も異なるわけですから、換算できるような
性格のものではありません。テスト業者に自分の人生を委ねては
いけないのです。

(7) 実態に基づく CEFR

筆者が勤務する大学の国際教育学科では、希望者全員が北欧の教
育大学もしくは教育学部に交換留学します。日本人も、北欧の学生
も、お互いに英語で授業を受けます。授業および生活に必要な語学
力の基準は、ヨーロッパ全体で CEFR-B2 と定められています。表
2 のように、授業では、

　　「自分の専門分野の専門的な議論も含めて (including technical
　　discussions in his/her field of specialisation)、抽象的話題や具体的話題の
　　複雑なテクストの主要な内容 (main idea) を理解できる」
という語学力が要求されるわけです。語学テストの得点を換算する
方法もありますが、大学同士ではテストの得点は使わず、それぞれ

の大学が日常的に学生のコンピテンスを判断するという方法をとりました。この方法で、2018 年度と 2019 年度には大学 2 年生が交換留学を実施し、全員が正規の単位を取得し、無事に帰国しました。やればできるということが判明した次第です。

　ヨーロッパの交換留学は、2006 年以降モビリティと呼ばれる国際交流制度として整えられています。大学生、大学院生だけでなく、研究者やその他のスタッフも交流します。したがって、パートナー校と呼ばれる交換留学先の授業の様子や受け入れ体制をよく知った上で、国際交流協定が結ばれます。たとえば、筆者が勤務する大学の国際教育学科には、3 年間で 50 人の関係者が北欧諸国から訪問してきました。スタッフは、授業をしたり、大学案内をして質疑応答を行ったり、日本人教員が行っている授業を参観したり、日本の学校の授業参観をしたりしました。これを、英語で行ったわけです。このような相互交流の中で、語学力が確かめられるだけでなく、授業のレベルや学生の実態もつかめるわけです。そうすれば、わざわざ留学のための語学テストをしなくてもよいということです。

　この場合、表 2 中の CEFR-B2 の欄で表示している「専門分野」とは、お互いに教育学、もしくは教科教育の分野となります。小学校とか幼児教育に関心ある学生は、Outdoor Education で、森や海に行って教材を集めたり、魚を観察して教材を作ったり、ワニのぬいぐるみを使って野外で算数を教える授業をしてみたりします。ワニの口を不等号に見立てて、自然の中で大小を比較するという授業です。

　Early Childhood Education では、チームに分かれて、人形劇を創るというものもあります。森に出かけていって、着想を得ます。ストーリー、衣装、舞台作り、役決め、英語の台詞の練習などを約 2 か月行って、幼稚園などで上演します。

　インターンシップの授業では、実際に幼稚園や小学校に行って授

業参観や授業実践というを経験します。Practice（教育実習）では、実際に小中学生に英語の授業を 6 週間行ってきた日本人学生もいます。

Peace Education では、国際的な平和教育の理論を比較しながら学びます。UNESCO の資料なども英語で読みます。不安だったら、例えばドイツからの留学生にノートを見せてもらって、自分の理解を確かめることもできます。

北欧の教育制度の授業では、あらかじめ日本である程度調べておけば、授業の内容がよく理解できたといいます。当然に、日本の学校の様子を英語で発表する場面もあります。

要するに、自分が選択した授業について、準備を英語でできるか、準備したものを英語で報告できるか、英語を使ってチームワークに参加できるか、チームの学習成果を英語でプレゼンできるか、自分の学習成果を英語でレポートできるか、というようなことを判断して留学に参加するわけです。

大学同士が、どのような内容で授業をしているかをお互いに知っていれば、学生の希望を考慮に入れて、留学先を決めることができます。

とても重要なことは、リフレクションです。日本人の場合は、自分の意見を言うことには慣れてません。授業の進み具合を見ながら、話す内容を毎日考え、作り上げ、用意していかないと対応できません。「分からなかった」と放置せず、「こんな話だったのでしょうか」と先生に確認したり、その場で話せなかったら手紙を書いてみるとか、とにかくできるように努力する活動が必要です。

CEFR が求めているのは、このような言語を使う総合力なのです。この総合力が、学校や職業の段階や専門領域によって、大雑把に、レベルで評価されているという意味です。これで、なんとかやっていけるというわけです。

別の言い方をすれば、モビリティという留学制度では双方の大学が共に学生を育てるという関係になるわけです。

(8) CEFR の複言語主義

CEFR でも、複言語主義が貫かれています。複言語コンピテンス (plurilingual competence) と複文化コンピテンス (pluricultural competence) については、次のように説明されています。

　　「複言語かつ複文化のコンピテンスは、コミュニケーションのために複数の言語を用いて文化交流 (intercultural interaction) する能力のことで、一人ひとりが社会的活動主体として、すべてが同じようにとは言わないまでも、複数の言語と、複数の文化の経験に熟達していること (proficiency) をいう。」(Council for Cultural Co-operation (2001) 168、文化協力審議会 (2004) 182)

複言語が使用できる人は、相手が理解しやすい言語を使用したり、自分が説明しやすい言語にしたりと、コードスイッチが行われることが想定されます。個々の言語で個人が使用する言語コンピテンスのレベルが明確に区別されるのではなく、相手により、また課題と状況により、言語コンピテンスは総合的レベルを越境して使用されるはずです。CEFR は、あくまでも、総合的に言語力を評価しようとする試みです。このことは、CEFR の解説書では、次のように説明されています。

　　「このコンピテンスはそれぞれ独立したコンピテンスの併存状態として考えられてはおらず、複雑だけれども一つの独特なコンピテンスと見られている。」(Beacco and Byram (2003) 8、Division des Politiques Linguistiques (2007) 10、欧州評議会言語政策局 (2016) 3-4)

さらに、次のようにも説明されています。

38

「このコンピテンスは、話者の言語レパートリーの中に具体化
している。言語教育の目的は、このコンピテンスを発達させ
ることである。ここから、コンピテンスとしての複言語主義
(plurilingualism as a competence: le plurilinguisme comme valeur) という表現が
出てくる。」

「言語学的寛容性の基礎、すなわち、話者が自らの複言語主義
を意識することは、自分自身あるいは他者が使用する多様性が
それぞれ同等の価値を持つことへの同意に結びついていくとい
う教育的価値。しかし、この意識は自動的な感性ではないので、
学校によって支えられ、構造化されなくてはならない。ここ
から、価値としての複言語主義という表現が出てくる。」(Beacco
and Byram (2003) 15、Division des Politiques Linguistiques (2007) 18、欧州評議
会言語政策局 (2016) 19)

　このような理解は、一人ひとりの能力をその個々人が生きる立場
から評価し、お互いに認めようという民主主義の発想だと考えられ
ます。

「複言語教育の目的は、話者の言語学的コンピテンスと言語レ
パートリーを発達させることが前提となっている。各自が保有
するコンピテンスのどのレベルでも、異なる言語を使用する能
力はすべての話者に共通である。教育システムの責任は、……
すべてのヨーロッパ人に対して、人によりまたコンテクスト
により発達程度のことなるこの能力の性質を意識させ、この能
力を価値付け、この能力を発達させるということである。なぜ
なら、この能力は、ヨーロッパにおけるコミュニケーションの
基礎、とりわけ言語学的寛容、言語学的多様性を維持する前提
を形成するからである。言語の多様性を管理することに限定さ
れないで目標として複言語主義を採用する政策は、ヨーロッ

パにおける民主的シティズンシップのより具体的な基礎もま
た提供するだろう。」(Beacco and Byram（2003）8、Division des Politiques
Linguistiques（2007）10、欧州評議会言語政策局（2016）4)

　また、別の箇所でも同様に、説明されています。

　　「ゆえに複言語主義は、ヨーロッパ人の間で、そしてまた世界
　　の人々との間でよりよきコミュニケーションをもたらすはず
　　だというだけでなく、文化間の感受性を発達させる手段として、
　　さらにヨーロッパにおける民主的シティズンシップの本質的要
　　素として解釈されるだろう。」

　このように、CEFR は、個々人が何をするかによって評価基準が
異なって解釈されることを容認しています。それは、CEFR が、査
定（調査、Assessment）と評価（Evaluation）とを分けて考えているからです。
CEFR の特徴は、学習者の評価、いわゆる自己評価の尺度と、教師
の評価の尺度、出題者の評価尺度とが分けて書かれていることで
しょう。これは、テスト対策に陥らないで、学習者本人が自分のた
めにコンピテンスの育成を目指すための工夫とうけとることができ
ます。そうでないと、いつの間にか「生徒や学生の成果」が「教師や
学校の成果」にすり替えられてしまうことでしょう。

(9) 言語教育の実態と姿勢

　CEFR の解説書では、「正しい言語（right language）」とか「学校が与え
る能力レベル（level of ability）」に注目がいく。スペルが議論の中心に
なり、「言語学的能力あるいは知的能力が判断できる基礎として言
語学コンピテンスが客観的な外的形態であるとして、時にははっき
りした政治的な逆行が起きることもある」とまで指摘されています。
(Beacco and Byram（2003）23、Division des Politiques Linguistiques（2007）26、欧州

40

評議会言語政策局（2016）34）

　EU の調査によると、2000 年現在のヨーロッパ諸国では外（国）語は教科として選択されている状況にあります。しかし、欧州評議会側は、この状況は、「言語の多様な価値への意識化を可能にするような複言語主義への教育を伴うことがあまりない」と判断しています。さらに、CEFR の解説書は、「国語・公用語（national/official languages）」と「外（国）語」と分ける政策を批判し、

　　「そのような対立を越える動きは、ヨーロッパで使用されているいかなる言語変種も、その言語の発祥地がどこであろうともヨーロッパ言語として見なすということを含むはずである」(EC (2001)、Beacco and Byram（2003）8、Division des Politiques Linguistiques（2007）10、欧州評議会言語政策局（2016）3-4)

と欧州評議会側は主張しているのです。

　　「『すべての言語は万人のために（All languages for all）』というスローガンは、非現実的で過激である。しかし、これは同時に、実現可能な教育プロジェクト（すべての者の言語学的コンピテンスを評価し発展させるものとしての複言語主義に向けた教育の簡明で、歓喜に満ちた表現であり、ヨーロッパにおける民主的シティズンシップの構成要素となる合意による価値観（言語学的寛容の教育としての複言語意識に向けた教育の確立。」(EC（2001）、Beacco and Byram（2003）29、Division des Politiques Linguistiques（2007）31、欧州評議会言語政策局（2016）45)

と、複言語主義が豊かな言語を地上に残す道であると指摘しているのです。

(10) 英語教育の再解釈

　1999 年 5 月にインスブルックで「ヨーロッパにおける民主的

シティズンシップのための言語多様性」会議（the Conference "Liguistic Diversity for Democratic Citizenship in Europe"）が開催されています。それに向けた学術委員会において CEFR の解説書に当たる『言語教育政策策定ガイド（Guide for the Development of Language Education Politics in Europe: From Linguistic Diversity to Plurilingual Education）』が構想されました。その後、2002 年 11 月に施行版、2003 年 4 月に修正版、2007 年に最終版がまとめられています。

　この解説書では、national or 'foreign' languages: des langues nationales ou étrangères の訳が、「国家語、外語、母語」となっています。（Beacco and Byram（2003）7、Division des Politiques Linguistiques（2007）10、欧州評議会言語政策局（2016）3）

　複言語主義は、学校における言語教育も変えつつあります。

　　「コミュニケーションを重視する目標への転換は、義務教育や職業教育段階ではあまり議論を呼ぶことなく進められたが、大学教育においては論争になった。大学における専攻外外国語教育では、ほとんど躊躇もなくコミュニケーションを重視する外国語教育の目標や方法へ転換している。」（Byram（2008）8、バイラム（2015）11）

　外国語専攻の学生と指導教員は、「目的遂行の手段」としての外国語と、「目的そのもの」としての外国語の間に挟まれてしまいます。

　　「一つの『国際語』として、イギリス英語あるいはアメリカ英語（British or US English）、または英語を国語か公用語にしている（the national or official language）国の英語に原則として優先的地位が与えられてはならない。しかし、実際には、多くの国ではイギリス英語、アメリカ英語を受け入れ、その使い方、発音、文法上の正確さ、辞書上の意味に忠誠を誓う傾向がいまだに根強く見られる。英語を使っているのは、母語話者よりも非母語話者の

　ほうがはるかに多いという特殊な事情にもかかわらず、またこ
の意味で『母語性』という概念全体が疑問であり、独自の発音、
文法の規範を持った国際英語に可能性が開かれているにもかか
わらず、それでも母語話者基準はいまだに国際的な基準とされ
ている。」(Byram (2008) 9-10、バイラム (2015) 12-13)

　このように、ヨーロッパでは古い外国語教育は、根本的に変更が
迫られたわけです。

　CEFR の適用は、新しい語学教師を求めて、教員養成を変えつつ
あります。CEFR は、教育政策のグローバル化とともに適用国が拡
大しています。2006 年現在で、欧州評議会加盟国 47 のうち 30 か国
が使用しています。

　CEFR を適用する国は、基準策定に関わった国と策定後に「貸借
・貸与 (borrowing and rending)」として教育制度に埋め込むことになった
国との 2 グループがあるようです。

　「20 世紀の後半にはスキルのトレーニングが行われていたが、
他者や自分たち自身の価値やクリティカルな理解に関心を持っ
たり、個人としてまた集団としてどのように交流するのかに関
心を持つことを避けてはならないはずだ。外国語教師はみなこ
のような問題に対しては準備不足である。」(Byram (2008) 17、バイ
ラム (2015) 21)

　植民地構造の再来を、あるいは大国の支配に従う奴隷を養成する
わけではありません。シティズンシップという、民主社会の主体者
を育てるためにこそ、複言語主義が唱えられているからです。古い
価値観が未だに残る国では、外国語を教える教師は心してかからな
ければならないと欧州評議会は言うのです。

第3章　EU の言語状況

　EU の市民が使用する母語と「日常会話に使用される第二言語」を
2005 年の調査から**表4**に表したものです。

　2012 年にも同様の調査が行われていますが、この時には「第一言
語」「第二言語」と呼ばれるようになっています。この結果を英国が
離脱した 2020 年の人口比として計算し直されたものが**表5**です。

　二つの表を比べて見ると英語は母語というよりも第二言語として
ヨーロッパには定着しつつあるということがよく分かります。

　図1は、2017 年の米国と 2016 年のヨーロッパ各国の初等教育と
中等教育の生徒が、外国語を学習している割合です。

表4　EU市民が使用する母語と「日常会話に使用される第二言語」の人口比率（2005年）

	母語として使用する人口比率（％）	母語以外として使用する人口比率	合　計
英　語	13	38	51
ドイツ語	18	14	32
フランス語	12	14	26
イタリア語	13	3	16
スペイン語	9	6	15
ポーランド語	9	1	10
オランダ語	5	1	6

European Commission. *Special Europeanbarometer* 243/Wave 64.3-TNS Opinion & Social, Feburuary 2006.

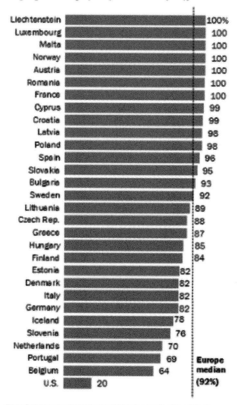

Europe drastically outpaces U.S. in foreign language learning

% of primary and secondary students learning a foreign language in Europe (2016) and the U.S. (2017)

Liechtenstein	100%
Luxembourg	100
Malta	100
Norway	100
Austria	100
Romania	100
France	100
Cyprus	99
Croatia	99
Latvia	98
Poland	98
Spain	96
Slovakia	95
Bulgaria	93
Sweden	92
Lithuania	89
Czech Rep.	88
Greece	87
Hungary	85
Finland	84
Estonia	82
Denmark	82
Italy	82
Germany	82
Iceland	78
Slovenia	76
Netherlands	70
Portugal	69
Belgium	64
U.S.	20

Europe median (92%)

Note: Data not available for the UK, Ireland or the Republic of Macedonia. U.S. includes 50 states and the District of Columbia. Source: Europe data from Eurostat, accessed June 20, 2018. U.S. data from "The National K-12 Foreign Language Enrollment Survey Report," American Councils for International Education, June 2017.

PEW RESEARCH CENTER

図1　外国語学習でヨーロッパは米国を大きく離している

Kat Devlin. Most European students are learning a foreign language in school while Americans lag. *Fact Tank: News in the Numbers,* August 6, 2018.

　どこの国でも、外国語学習をしているだろうと思うものですが、話はそう単純ではないようです。

　100％になっていない国は、生徒個人の母語とその国の国語(公用語)の学習に終わっていて、外国語の学習まで手が回らない生徒がいるということです。さらに、国内に複数の国語(公用語)がある場合には、外国語は第三言語、第四言語に相当するということも起きてきます。

　母語と国語(公用語)が一致しない場合には、外国語の学習は大きな負担になるでしょう。このような例に該当するのは、EU における地域言語および少数者言語の使用者や、域外からの移民や難民の子どもたちだと思われます。

　それにしても、米国とヨーロッパ諸国とではあまりに大きな差が出ています。ヨーロッパ諸国の平均が 92％ なのに、米国は 20％ というのです。ヨーロッパ諸国は、かなり複数の言語習得には熱心だと言えると思います。この事実こそ、欧州評議会と EU が創り出し

表 5　EU における言語別使用率

	第一言語として使用している国	第一言語として使用する人口比率(%)	第二言語として使用する人口比率	合計
英　語	アイルランド、マルタ	1	43	44
ドイツ語	オーストリア、ベルギー、ドイツ、ルクセンブルク	20	16	36
フランス語	ベルギー、フランス、ルクセンブルク	14	16	30
イタリア語	イタリア	15	3	18
スペイン語	スペイン	9	8	17
ポーランド語	ポーランド	9	1	10
オランダ語	ベルギー、オランダ	6	0	6

European Commission. *Special Europeanbarometer* 386/Wave EB77.1, June 2012.
Wikipedia. *Language of the European Union: Official EU Languages.* Retrieved 2020/07/17.

た言語文化なのだということでしょう。

　英国が EU を離脱すると、状況はさらに変化します。表 5 は、2012 年調査結果を 2020 年の人口に適用して計算し直したものです。英語を母語とする人口は EU 全体の 1％しかいませんが、外国語として学習した人を加えると、英語を母語並みに流暢に使用できる人口は 44％いると予測されます。このように、英語は、世界から見ても、ヨーロッパで見ても、民族語を越えた特別な言語になっています。

　多民族で構成されている EU は、国境を越える教育をこのように創り出しつつあるということが確認できます。それは、超大国を除いた世界中の国々がモデルにできるグローバルな時代の生き方だと思えます。それに比べると、日本の英語教育観がいかに古くよどんだものであるか、愕然とさせられます。

参考文献

Beacco and Byram (2003/2005) Jean-Claude Beacco and Michael Byram. *Guide for the Development of Language Education Politics in Europe: From Linguistic Diversity to Plurilingual Education.* Main Version, Draft 1 (rev) Language Policy Division, Council of Europe: Strasbourg.

Byram (2008) Michael Byram. *From Foreign Language Education to Education for Intercultural Citizenship.* Clevedon, UK: Multilingual Matters.

Coulmas (1991) Florian Coulmas. European Integration and the Idea of the National Language: Ideological Roots and Economic Consequences. In Florian Coulmas (ed) *A Language Policy for the European Community: Prospects and quandaries.* Berlin: Mouton de Gruyter.

Council for Cultural Co-operation (2001) Council for Cultural Co-operation, Education Committee, Modern Language Division, Strasbourg. *Common European Framework of Reference for Languages: Learning, Teaching, Assessment.* Cambridge University Press, 5.

Council of Europe (1985) *Recommendation of the Committee of Ministers to Member States on Teaching and Learning about Human Rights in School.*

Division des Politiques Linguistiques (2007) *De La Diversite Linguistique a l'Education Plurilingue: Guide Pour l'Elaboration des Politiques Linguistiques Educatives en Europe.* Versions Intétrale. Division des Politiques Linguistiques, Conseil de l'Europe: Strasbourg.

EC (1984) *Bulletin of the European Communities.* No.6, 1984. Brussels: Commission of the European Communities, Secretariat-General.

EC (1988) Council of the European Communities, General Secretariat, *Resolution of the Council and the Ministers of Education Meeting within the Council on the European Dimension in Education,* 24 May 1988, 88/c 177/02, Brussels, European educational policy statements. 『マーストリヒト条約』126 号。

EC (1995) Commission of the European Communities. *Teaching and Learning: Toward the Learning Society.* COM (95) 590, Brussell.

EC (2001) Directorate-General for Education and Culture, European Commission. *Foreign Language Teaching in Schools in Europe.* Brussels: Eurydice.

48

European Parliament（1987）*Kuijpers Resolution on the languages and cultures of regional and ethnic minorities in the European Community.*

European Parliament（1994）*The Resolution on Linguistic and Cultural Minorities in the European Community.*

European Parliament（2018）*European Parliament resolution of 13 November 2018 on minimum standards for minorities in the EU.* 13 November, Strasbourg.

Heraclides（1992）Alexis Heraclides. The CSCE and Minorities: The Negotiation behind the Commitment, 1972-1992, *Helsinki Monitor 3*, March.

Hymes（1972）D. Hymes. On Communicative Competence. In J.B.Pride and Janet Holmes（eds）*Sociolinguistics.* Harmondsworth: Penguin Books Ltd.

Spitzberg（1984）Brian H. Spitzberg and William R. Cupach *Interpersonal Communication Competence.* SAGE Publications, Inc.

van Ek（1975）J. A. van Ek with L. G. Alexander. *Systems Development in Adult Language Learning: The Threshold Leve in a European unit/credit system for modern language learning by adults.* Director of Education and of Cultural and Scientific Affairs, Council of Europe: Strasbourg.

van Ek（1978）Jan Ate van Ek. *Threshold Level for Modern Language Learning in Schools.* Longman Group United Kingdom.

van Ek（1980）J. A. van Ek and L. G. Alexander. *Threshold Level English: Council of Europe Modern Languages Project.* Pergamon Press.

van Ek（1986）Jan A. van Ek. *Objectives for Foreign Language Learning, Volume 1: Scope.* Project 12. Modern languages - learning and teaching modern languages for communication, Council for Cultural Co-operation.

ヴァン・エック、トリム（1998）米山朝二、松沢伸二訳『新しい英語教育への指針―中級学習者レベル〈指導要領〉』大修館書店。

ドーデー（1873）桜田佐訳『月曜物語』岩波書店、1936年。

欧州評議会言語政策局（2016）山本冴里訳『言語の多様性から複言語教育へ―ヨーロッパ言語教育政策策定ガイド』くろしお出版。

都留文科大学（2020）『都留文科大学 大学案内2021』。

西村めぐみ（2000）『規範と国家アイデンティティーの形成：OSCEの紛争予防・危機管理と規範をめぐる政治過程』多賀出版。

バイラム（2015）マイケル・バイラム著、細川英雄監修、山田悦子、古村由美子訳『相互文化的能力を育む教育―グローバル時代の市民性形成をめざして』大修館書店。

文化協力審議会（2004）吉島茂、大橋里枝編・訳『外国語の学習、教授、評価のためのヨーロッパ共通参照枠』朝日出版。

宮島喬（2016）『現代ヨーロッパと移民問題の原点―1970、80 年代、開かれた
　　　シティズンシップの生成と試練』明石書店。
宮島喬、佐藤成基（2019）『包摂・強制の政治か、排除の政治か』明石書店。

あとがき

　都留文科大学に新設された国際教育学科では、2年生の8月から12月の学期に希望者全員に北欧留学を実施しています。留学に必要な語学力は、CEFR-B2となっています。英語コンピテンスがCEFR-B2に届くと判断されれば、留学生として受け入れるわけです。日本から留学する学生は、どの国のどの大学で、どの授業で何をどのように学ぶか、それが可能なのかという観点から、テストの得点も多少の参考にしますが、日頃の授業の様子と面接によって教員とインターナショナル・コーディネータがこれを判断します。語学力保証は大学がするわけです。

　そもそも、相手先の大学に留学申請すること、個々の授業の受講を申し込むこと、宿舎の手配をすること、留学に必要なすべての準備を学生個人が行います。時には、相手校のインターナショナル・コーディネータにメールや電話で学生本人が問い合わせることもあります。このようなプロセスの中で、英語力が試されていき、自分の出来具合が確認されます。

　1年生の時には、留学生受け入れに際して、最寄り駅まで迎えに行って下宿案内をし、滞在手続きの書類を書いて市役所に提出するサポートをし、歓迎会や送別会を開いたりボランティアとして交流を体験します。

　相手大学の先生方が、毎年10人くらい都留文科大学を訪れ、大学紹介や模擬授業を英語でしてくださいます。

　CEFRというコンピテンス・ベースの語学力は、実際に英語を使うプロセスでその場にいた者が評価するというのが原則になるわけ

です。もし、面接で評価をしようという場合にも、実際の生活や授業で使うと予想される英語コミュニケーションを使って確認すればよいわけです。

　都留文科大学の国際教育学科は、入学直後の授業から課題を提起してグループで考え、それを表現するというアクティブ・ラーニングを行います。日本人の学生も、1年半の授業や行事でなんとかこれに慣れます。しかし、留学してみると、教育学に関する大学の授業ですから、プレゼンテーションする中身が問題になります。多くの日本人学生が英語コミュニケーションで直面するのは、自分に話す中身があるかどうかということです。「自分は今どのような状態だ」と素直に発言できること、「自分は何が好きだ」「自分は何がしたいか」「そのためにこれを学びたいのだ」ということが自分の心の中に普段からなければ発言できません。その上で、相手に対して、「こうしたらどうだろうか」「こうすればもっとよい」という発言ができるわけです。

　北欧から日本に留学する学生は、英語はとても上手ですが、冒頭に紹介したサラやクララのように、「もしかしたらあなたたち、こんなことしてませんか」「それ変じゃないですか」「私たちはこうしてます」といつもはっきりと自分の考えを持っていました。言語が表現する中身は、生き様なのです。このことをヨーロッパの研究者も、教師も、学生もよく知っているのです。教育とは、一人ひとりが「自分の学び」を創っていけるように支援すること、その結果、生徒・学生一人ひとりが人生を創り出していけることに尽きます。

　都留文科大学国際教育学科は、簡単ではなくとても困難なのですが、テストの点数ではないという教育を生み出しつつあります。単語、発音、文法は、より正確に表現するための器でしかありません。その器が適切でなければ、殻を破るように新しい器を作っていく他

ありません。日本人は、やっとこのことを理解し始めているわけです。

　2020 年度は、2 年間実施した交換留学そのものは新型コロナ対応で断念せざるをえませんでした。しかし、若者たちにはなんとかしてグローバル化に続く道をこじ開けて、with コロナの時代を生きていって欲しいと思います。それは個々の科目の成績というようなことではなく、個々人の人生を創り出すほど重要だからです。ヨーロッパのいくつかの国は 2020 年 7 月 1 日に国境を開け、留学生ビザも発給して日本からの留学生を待っていてくれてました。

　本書は、アメリカ流の TOEFL や TOEIC の点数で排除しようという留学や就職の制度ではなく、移民や難民をパートナーとして定着させようとして努力してきた欧州諸国の言語観を紹介しようとして書きました。

　なかでも、英語を「媒介語」として定着させるという政策は、ネイティブのものまねではなく自分たちの意志を表現し協働するツールとし、確かな媒介言語、世界語としての「英語」をヨーロッパの人々に広げつつあります。

　日本でもできないことはありません。あまりに古い英語教育に苦労している日本の若い人々に、この書を贈ります。

索　引

著者紹介

福田　誠治（ふくた　せいじ）

1950年岐阜県生まれ。
1979年より42年間都留文科大学に勤務。
前都留文科大学学長
著書として、『こうすれば日本も学力世界一——フィンランドから本物の教育を考える』朝日新聞出版、2011年2月、『フィンランドはもう「学力」の先を行っている』亜紀書房、2012年10月、『国際バカロレアとこれからの大学入試—知を創造するアクティブ・ラーニング』亜紀書房、2015年12月、『ネオリベラル教育の思想と構造—書き換えられた教育の原理』東信堂、2017年12月など。

東信堂ブックレット4

CEFR（セファール）って何だ──インクルーシブな語学教育

2021年7月30日　　初　版第1刷発行　　　　　　　　　〔検印省略〕
定価は表紙に表示してあります。

著者Ⓒ福田誠治／発行者　下田勝司　　　　　　　　印刷・製本／中央精版印刷

東京都文京区向丘1-20-6　　郵便振替 00110-6-37828　　発行所
〒113-0023　TEL (03)3818-5521　FAX (03)3818-5514　　株式 東信堂
Published by TOSHINDO PUBLISHING CO., LTD.
1-20-6, Mukougaoka, Bunkyo-ku, Tokyo, 113-0023, Japan
E-mail : tk203444@fsinet.or.jp http://www.toshindo-pub.com

東信堂

〒 113-0023　東京都文京区向丘 1-20-6　TEL 03-3818-5521　FAX03-3818-5514　振替 00110-6-37828
Email tk203444@fsinet.or.jp　URL:http://www.toshindo-pub.jp/

※定価：表示価格（本体）＋税